DES
COMPTABILITÉS OCCULTES

PAR

Victor DE SWARTE

TRÉSORIER-PAYEUR GÉNÉRAL DES ARDENNES

(Extrait de la Revue générale d'administration.*)*

PARIS

BERGER-LEVRAULT ET Cⁱᵉ, LIBRAIRES-ÉDITEURS

5, RUE DES BEAUX-ARTS, 5

MÊME MAISON A NANCY

—

1884

DES

COMPTABILITÉS OCCULTES

PAR

Victor DE SWARTE

TRÉSORIER-PAYEUR GÉNÉRAL DES ARDENNES

(*Extrait de la* REVUE GÉNÉRALE D'ADMINISTRATION.)

PARIS

BERGER-LEVRAULT ET Cⁱᵉ, LIBRAIRES-ÉDITEURS

5, RUE DES BEAUX-ARTS, 5

MÊME MAISON A NANCY

1884.

DES COMPTABILITÉS OCCULTES

L'article qui suit est un résumé que M. Victor de Swarte, trésorier-payeur général des Ardennes, a bien voulu faire pour la *Revue générale d'administration* d'un ouvrage qu'il vient de publier sur *la Comptabilité occulte et les gestions extraréglementaires*. Ce volume contient, outre la partie principale dont nous ne donnons qu'un court abrégé, une introduction sur le contrôle des finances et le jugement des comptes sous l'ancien régime, de nombreux développements, analyses d'arrêts et de décisions, et un répertoire de la jurisprudence du Conseil d'État, de la Cour des comptes et des conseils de préfecture.

La *comptabilité occulte*, ou simplement extraréglementaire, consiste dans le fait de l'immixtion, sans autorisation légale [1], au maniement des deniers publics, d'une personne n'ayant pas qualité de comptable.

Il n'est pas nécessaire qu'une comptabilité irrégulière ait été tenue *secrète* pour qu'elle soit qualifiée de *comptabilité occulte*. Ce nom générique leur a été donné, parce que le plus souvent ces opérations se *dérobent* aux règles ordinaires de la matière.

La comptabilité occulte peut se présenter sous plusieurs aspects différents ; souvent elle consiste dans la création d'une *caisse particulière* au moyen de ressources cachées dont l'emploi échappe à tout contrôle extérieur, c'est une dissimulation de recettes ; mais parfois aussi elle s'opère par des virements irréguliers ou des *mandats fictifs*, à l'aide desquels un ordonnateur infidèle réalise des ressources détournées de leur affectation

---

1. *L'autorisation légale* existe pour la perception de certaines taxes faites par des agents particuliers : Octroi mis en ferme ou en régie intéressée ; droits de péage, pesage, mesurage, jaugeage ; droits d'expédition des actes administratifs et de l'état civil. (Instr. générale 1859, art. 918, 926, 298.)

régulière, pour les appliquer à des dépenses sans crédit, qu'aucun pouvoir légal n'a autorisées et qui sont volontairement soustraites à tout examen administratif; dans certains cas, les administrateurs proposent et font admettre dans les budgets des crédits supérieurs aux besoins réels et délivrent ensuite sur ces crédits des mandats fictifs à des fournisseurs qui consentent à les quittancer comme s'ils avaient fait effectivement les travaux ou livré les fournitures, de manière que les sommes qui paraissent avoir été régulièrement dépensées, restent entre les mains des administrateurs pour être employées à des dépenses secrètes dont il n'est tenu aucun compte.

L'intervention d'une personne non comptable dans le maniement des deniers publics peut se traduire sous les formes les plus multiples, et si le législateur a confondu sous une même dénomination tous les actes de comptabilité irrégulière, il est incontestable que le degré de gravité varie entre chacune de ces gestions.

L'ignorance des lois et règlements et l'excès de zèle sont parfois les seules causes des gestions occultes, qui pour la plupart sont accomplies de bonne foi. Souvent aussi l'administrateur s'en rend coupable pour se soustraire aux formalités de tutelle administrative qui lui paraissent oiseuses et dont l'accomplissement est pourtant la meilleure garantie du contrôle.

L'intention de malversation est très rare, et l'on n'y constate presque jamais des actes frauduleux dans le sens juridique du mot, c'est-à-dire entraînant profit personnel au préjudice d'autrui. En dépit du motif dirigeant de ces actes, qui n'ont souvent d'autre but que de constituer aux municipalités ou aux hospices des ressources dont il n'est pas rendu compte, le législateur est bien fondé à poursuivre de tels agissements dans la personne de leur auteur principal et des coauteurs ou complices, à savoir les receveurs qui ont négligé de les faire connaître à l'autorité et les tiers qui ont payé entre les mains des comptables irréguliers; les premiers peuvent être forcés en recettes, et les seconds s'exposent (Code civil, 1239) à devoir payer une seconde fois, s'ils ne peuvent prouver qu'ils ont été induits en erreur.

I.

Le principe fondamental de la comptabilité publique, principe qui s'applique aussi bien aux comptabilités du Trésor qu'à celles des communes et des établissements publics, a été, en dernier lieu, rappelé par l'article 155 de la loi du 5 avril 1884[1].

Toute personne autre que le comptable, qui, sans autorisation légale, se serait ingérée dans le maniement des deniers publics, sera, par ce seul fait, constituée comptable ; elle pourra, en outre, être poursuivie, en vertu de l'article 258 du Code pénal, comme s'étant immiscée sans titre dans des fonctions publiques.

L'article 812 de l'instruction générale du 20 juin 1859 reproduit cette règle en termes identiques.

De son côté, le décret du 31 mai 1862 (art. 25) porte que « les gestions occultes sont soumises aux mêmes juridictions et « entraînent la même responsabilité que les gestions patentes et « régulièrement décrites. »

Les archives du ministère de l'intérieur renferment, sur les gestions occultes, deux autres documents : les circulaires du 23 juin 1873 et du 20 mai 1876.

La circulaire du 23 juin 1873, signée du directeur de l'administration départementale et communale, appelle l'attention des maires sur les dangers qui pourraient résulter de l'habitude prise par certains receveurs municipaux de se faire remettre des mandats et des reconnaissances de remboursement signés en blanc.

---

1. Ce principe est écrit dans les ordonnances des 28 janvier 1815, 1er septembre 1819, 31 octobre 1821, 14 septembre 1822 (art. 17 et 23), 23 avril 1823 (art. 14), 18 juin 1823 (art. 19), et dans l'instruction réglementaire du ministre de l'intérieur de septembre 1825 ; voir également le règlement du 15 décembre 1826 (art. 573), la loi du 28 pluviôse an III (chap. III), celles du 28 pluviôse an VIII et du 16 septembre 1807, l'avis du Conseil d'État du 20 juillet 1808, le décret du 12 janvier 1811, l'arrêté du Gouvernement du 19 vendémiaire an XII et celui du 29 frimaire an IX (art. 5), et la loi du 18 juillet 1837 (art. 64).

Il pourrait en résulter des inscriptions de dépenses fictives et des malversations dont l'importance dépasserait le cautionnement des comptables. La responsabilité personnelle des maires se trouverait donc, de ce chef, engagée.

La circulaire du 20 mai 1876 est le document le plus récent et le plus complet sur les termes de procédure à suivre par les conseils de préfecture pour le jugement des comptabilités irrégulières. Les règles qu'elle fixe s'analysent comme il suit :

1° Le conseil de préfecture, par un premier arrêté, déclare comptable la personne qui s'est ingérée sans qualité dans le maniement des deniers des communes soumises à sa juridiction ;

2° Le conseil municipal est appelé à donner son avis sur le point de savoir si les dépenses faites par le comptable occulte ont un caractère de véritable intérêt communal ;

3° La délibération qui intervient doit être soumise à l'approbation préfectorale ;

4° Le conseil de préfecture prend un arrêté provisoire prononçant les charges et injonctions qu'il y a lieu de relever contre le comptable ;

5° Après le délai de deux mois, laissé au comptable pour présenter des observations justificatives, le conseil de préfecture prend un arrêté définitif ;

6° Enfin, les conseils de préfecture doivent statuer sur les comptes irréguliers, comme sur les comptes réguliers, en séance non publique.

L'autorité préfectorale n'a cessé, depuis le commencement de ce siècle, de rappeler aux maires les prohibitions de la loi, en matière de comptabilité occulte.

Il nous a paru intéressant de consulter, à ce sujet, les recueils des actes des préfectures. On y remarque les formes particulières qu'ont affectées les gestions occultes dans chaque région, et en même temps les mesures qui ont été prises pour les découvrir et les réprimer.

Nous regrettons que le cadre de la *Revue* ne nous permette pas d'analyser les principales circulaires préfectorales ; nous céderons cependant au désir d'en citer quelques-unes :

Une des plus anciennes circulaires que nous trouvons sur les comptabilités occultes émane du préfet de la Haute-Saône et porte la date du 16 février 1825. Le préfet de la Restauration fait le procès aux masses noires qui ont existé sous les gouvernements précédents et rappelle que les recettes doivent toutes figurer dans le compte du receveur en titre.

Le préfet du Jura voyant se multiplier les masses noires prit un arrêté (1er janvier 1831) dans lequel il inscrivit l'obligation pour tous les comptables occultes de rendre immédiatement leurs comptes.

Les préfets du Doubs (20 janvier 1832 et 12 mars 1833), du Jura (3 août 1839) et de la Haute-Garonne (26 juin 1871), invitent les maires à présenter leurs comptes irréguliers et les conseils municipaux à voter, s'il y a lieu, la demande de l'intervention d'un *commissaire délégué* du sous-préfet pour assister dans la vérification des comptes et dans toutes les opérations où sa présence pourrait être utile.

Les préfets de la Haute-Garonne (14 décembre 1847) et de la Lozère (20 septembre 1850) protestent contre les abus qui livrent le domaine municipal ou charitable à la merci des administrations, percevant et employant directement le produit de ventes d'arbres, fagots, etc., ou de quelques habitants influents s'attribuant la jouissance de la fortune municipale.

Dans le département du Jura, le préfet, par une circulaire du 24 janvier 1852, sévit avec la plus grande énergie contre le comptable occulte qui est déféré à la fois aux tribunaux ordinaires et au conseil de préfecture.

La circulaire du préfet de la Seine, du 15 juillet 1856, signale les abus qui existent dans la comptabilité relativement à de nombreux points de service et spécialement en ce qui concerne les droits de place sur les halles et marchés, droits de stationnement sur la voie publique, droit de place aux fêtes communales, bals et concerts, collectes et souscriptions au profit des pauvres, produit des bals de nuit, taxes d'inhumation et concessions de terrains dans les cimetières, expédition des actes administratifs et des actes de l'état civil, droit de voirie, souscriptions volontaires et taxes pour pavages et établissements de trottoirs, vente de vieux pavés dans les dépôts.

En outre des sévérités que la loi a établies contre les comptables de fait, les gestions irrégulières peuvent encore engager la responsabilité des administrateurs, des comptables et de leurs héritiers.

Les préfets et sous-préfets, comme délégués des ministres, sont responsables d'une manière générale des actes de leur administration et de ceux des fonctionnaires et administrateurs placés sous leurs ordres, et parmi eux, au premier rang, des maires.

Les premiers documents dans lesquels nous voyons invoquer la responsabilité des préfets et sous-préfets pour les torts qu'ils auraient *laissé* commettre, sont les instructions ministérielles de nivôse an II et de septembre 1824.

Cette dernière instruction, relative à l'exécution de l'ordonnance du 23 avril 1823 sur la comptabilité communale, ordonne que les comptabilités occultes seront jugées en elles-mêmes « et non d'après les intentions qu'on a pu y mettre, parce qu'elles « détruisent la *responsabilité sur laquelle tout repose*. C'est ce « dont il importe que les maires et leurs adjoints soient bien « avertis. Il n'importe pas moins que les préfets et sous-préfets « sentent à ce sujet toute l'étendue de leurs devoirs et qu'ils « répondent eux-mêmes des torts qu'ils auraient tolérés ou qui « accuseraient leur surveillance (Arrêté du 23 juillet 1802, « Instructions des 7 janvier 1803 et 10 février 1812). »

La loi municipale (art. 90) détermine la nature du contrôle à exercer par les préfets pour mettre à couvert leur responsabilité en établissant que c'est sous la *surveillance* de l'administration supérieure que le maire, en tant que chef de l'association communale, exerce ses fonctions.

La responsabilité des receveurs municipaux résulte de l'article 153 de la loi du 5 avril 1884 : « Les recettes et les dé- « penses communales s'effectuent par un comptable, chargé *seul* « et *sous sa responsabilité* de poursuivre la rentrée de tous les « revenus de la commune et de toutes les sommes qui lui se- « raient dues. » C'est à lui qu'il appartient de signaler à ses chefs les personnes qui, contrairement à l'article 155, se seraient ingérées dans le maniement des deniers de la commune. D'ailleurs, en rendant ses comptes de gestion, le comptable affirme, sous les peines de droit, que les recettes et les dépenses qui y sont portées, sont, sans exception, toutes celles qui *ont été faites pour le service* et qu'il *n'en existe aucune autre*. Ce serait le cas pour le comptable qui aurait connaissance de l'existence d'une gestion occulte qu'il aurait déjà dénoncée à l'administration supérieure, laquelle n'y aurait pas donné suite, de constater les revenus et produits qui auraient été l'objet d'une gestion illicite.

Aux termes d'un arrêt de la Cour des comptes du 25 juillet 1835 et conformément à la loi du 19 vendémiaire an XII, « le « receveur qui est convaincu d'avoir eu connaissance d'une ges- « tion occulte est responsable des sommes qu'il a sciemment « laissé toucher par un comptable irrégulier. » Cette jurisprudence est confirmée par plusieurs arrêts de la Cour, notamment par celui du 7 juin 1882 (mandats fictifs), dans lequel est mise en cause la responsabilité du receveur municipal, qui ne s'était pas conformé strictement aux prescriptions relatives à l'acquittement des mandats, rappelées par les articles 661, 1003, § 2, et 1006 de l'instruction générale du 20 juin 1859.

De plus, les receveurs municipaux, qui sont obligés par les prescriptions de la loi du 19 vendémiaire an XII de faire toutes les diligences pour le versement dans leur caisse de *tous* les fonds des communes et établissements, encourraient des peines graves, s'ils se rendaient complices de gestions occultes et négligeaient de signaler celles qu'ils pourraient connaître ; les receveurs doivent percevoir même les revenus qui ne figurent pas au budget. Il est donc évident qu'ils se rendent complices

et deviennent par conséquent responsables si, en apprenant
que des produits communaux sont versés entre les mains du
maire, par exemple, ils ne font pas diligence pour faire rentrer ces produits dans la caisse municipale. Cette tolérance en-
gage leur responsabilité pécuniaire. Les comptes même déjà
apurés d'un receveur qui aurait pris part à une gestion occulte
sont de plein droit susceptibles d'être revisés (Arrêt de la Cour
des comptes du 20 juin 1836).

Notons encore que, dans le cas où un receveur municipal n'o-
serait prendre sur lui de faire rentrer les fonds des mains du
gérant occulte, il doit, en tout cas, dégager sa responsabilité
en informant de ces irrégularités le receveur des finances ou le
sous-préfet.

La responsabilité supérieure des trésoriers-payeurs généraux
et des receveurs particuliers couvre celle des receveurs municipaux. L'instruction générale de 1859, rappelant les dispositions
des lois et règlements antérieurs, dispose dans son article 1285,
« que la gestion des percepteurs des contributions directes pour
« tous les services dont ils peuvent se trouver cumulativement
« chargés est placée sous la surveillance et la responsabilité des
« receveurs des finances. » Les articles 1313, 1333, 1334, 1385
et 1389 établissent la procédure à suivre par les chefs de service
du département et de l'arrondissement pour la liquidation de la
situation des receveurs municipaux et l'exercice de leur responsabilité.

Pour la recherche et la répression des comptabilités occultes,
le préfet entre directement en rapport avec le trésorier-payeur
général, à qui il remet le plus souvent le soin de faire l'enquête.

Parfois, la Cour des comptes, saisie d'une comptabilité occulte, met en cause les administrateurs ; c'est ainsi qu'un arrêt
de la Cour du 16 juillet 1878 (hospice de Bar-le-Duc) déclare
conjointement responsables les administrateurs et anciens administrateurs de l'hospice qui avaient eu connaissance de la

vente effectuée par la supérieure de produits pharmaceutiques appartenant à l'hospice et de l'emploi des sommes qui en provenaient en dépenses non prévues ni autorisées par le budget.

La responsabilité est quelquefois aussi partagée entre le maire et d'anciens maires et même des auxiliaires, secrétaires de mairie, etc., comme il résulte d'un arrêt de la Cour des comptes en date du 11 janvier 1881 déclarant comptables et responsables de la gestion occulte des deniers d'Aniches (Nord), pendant les années 1877 et antérieures : 1° le sieur L..., ancien secrétaire de mairie ; 2° conjointement avec le sieur L..., les sieurs P... et D..., anciens maires, chacun en raison de la durée de ses fonctions et sauf l'appréciation ultérieure des responsabilités individuelles.

Il existe un arrêt dans le même sens rendu au sujet de faits de comptabilité occulte dans la commune d'Anor (Nord).

Un arrêt de la Cour des comptes du 23 août 1834 décide que, dans le cas du décès du comptable de fait, ses héritiers et ayants cause peuvent être recherchés et obligés de rendre compte de la gestion de leur auteur, soit devant le conseil de préfecture, soit devant la Cour des comptes. Nous trouvons dans la jurisprudence du conseil de préfecture de la Corse une procédure suivie contre l'héritier bénéficiaire d'un sieur T..., receveur particulier à Corte, qui, à la suite d'un déficit de plus de 300,000 fr., s'est suicidé, demeurant reliquataire de la somme de 114,688 fr. 64 c. envers les communes de Moita, Vezzani et Omessa, etc., etc.

Le comptable s'était fait payer directement par les adjudicataires de bois communaux le montant de leurs prix d'acquisition et leur avait délivré des reçus sous seing privé. Il conservait en son portefeuille les traites non acquittées, et qui n'étaient même pas endossées à son ordre par le receveur municipal, lequel, seul, aurait dû être chargé du recouvrement de ces traites.

Le préfet ayant fait prendre hypothèque sur les biens de

T..., une créancière chirographaire obtint du tribunal civil la radiation des inscriptions comme illégalement prises sur les biens d'une succession bénéficiaire. La Cour confirma ce jugement par son arrêt du 19 juin 1877 ; par ce même arrêt, et sur le déclinatoire du préfet, la Cour se déclara incompétente pour déterminer les créances communales ; la juridiction administrative fut donc saisie. Déjà, le conseil de préfecture avait déclaré (Arrêté du 21 mars 1877) T... comptable reliquataire envers les trois communes, et avait enjoint à son héritier de fournir un compte. — Le 1er août 1877, le compte n'ayant pas été présenté, le conseil de préfecture mit à la charge de la succession la somme de 114,688 fr. 64 c.

Un arrêt relatif à la perception du droit d'*estampillage,* de *scel* et de *manufacture* de la ville de Roubaix pendant les années 1810 à 1828 impose aux ayants cause des comptables irréguliers le soin de présenter leurs comptes, sous leur responsabilité personnelle.

Cette responsabilité des héritiers peut exister même après trente ans, comme il est dit dans une circulaire du 28 janvier 1853 de M. Dieu, alors préfet de la Haute-Saône, puis président du conseil de préfecture de la Seine. L'éminent auteur du *Projet de règlement sur la procédure devant les conseils de préfecture* rappelle, à propos des poursuites exercées contre les héritiers d'un ancien maire pour une comptabilité occulte qu'il avait tenue en 1816 que, même après trente ans, les héritiers d'un maire pouvaient être inquiétés et poursuivis pour rendre compte au sujet de fonds composant les *masses noires,* si fréquentes dans les communes.

II.

Nous avons dit plus haut que les gestions occultes sont soumises aux mêmes juridictions que les gestions patentes et régulièrement décrites (Décret du 31 mai 1862, art. 25).

Aux termes de l'article 157 de la loi du 5 avril 1884, les comptes du receveur municipal sont définitivement apurés par le conseil de préfecture pour les communes dont les revenus ordinaires, dans les trois dernières années, n'excèdent pas trente mille francs, sauf recours à la Cour des comptes.

Les comptes des receveurs des communes dont les revenus ordinaires excèdent trente mille francs sont jugés et apurés par ladite Cour; ces prescriptions sont applicables aux comptes des trésoriers des hôpitaux et autres établissements de bienfaisance. Les receveurs d'octroi (Ord. 15 juin 1824, art. 1er), les économes des écoles normales primaires (Ord. 7 juillet 1841, art. 1er), les trésoriers de syndicats communaux (Loi du 18 juillet 1837) sont soumis aux mêmes juridictions. Quant aux trésoriers des associations syndicales (Loi du 21 juin 1865), leurs comptes sont toujours jugés par les conseils de préfecture, quelle que soit l'importance de leurs recettes.

Les revenus qui entrent en ligne de compte dans le calcul des produits doivent avoir un caractère permanent.

Lorsqu'il est établi que les recettes ordinaires n'ont atteint 30,000 fr. qu'au moyen de la perception de centimes pour insuffisance de revenus, la Cour des comptes doit se déclarer incompétente, à moins que ces centimes n'aient été employés à l'acquittement de dépenses *obligatoires* ou de dépenses *facultatives annuelles* [14 février 1876, commune de Milly (Seine-et-Oise); 11 février 1879, commune de Roncq (Nord); 11 mars 1879, commune de Marcq-en-Barœul (Nord)].

La compétence de la Cour des comptes à l'égard du comptable irrégulier se détermine non par l'importance des sommes perçues par ce comptable, mais bien par le chiffre des revenus ordinaires de la commune où la comptabilité occulte a eu lieu.

D'après la jurisprudence la plus récente, la compétence est indivisible et la gestion d'un même comptable de fait ne comporte qu'un seul jugement.

Un arrêté du préfet de la Seine en date du 14 décembre 1865 déférait une gestion occulte qui avait duré pendant un certain nombre d'années à la Cour des comptes pour la période récente et en même temps au conseil de préfecture pour la période la plus ancienne pendant laquelle les revenus de la commune étant inférieurs à 30,000 fr., le conseil de préfecture avait été compétent pour juger les comptes du comptable régulier. La Cour des comptes protesta contre la double attribution de compétence faite par l'arrêté du préfet, mais le conseil de préfecture persista à se déclarer compétent. Les conflits qui pourraient naître de cette situation seraient préjudiciables au bon ordre de la comptabilité publique et aux intérêts mêmes des comptables de fait qui auraient, en ce cas, à fournir plusieurs comptes et recevraient des notifications et injonctions émanées de deux juridictions.

Il nous semble qu'il est plus logique d'admettre les conclusions de l'arrêt de la Cour des comptes du 11 janvier 1881 (commune d'Aniches, Nord) :

Sur la compétence :

Attendu que la comptabilité du receveur de la commune d'Aniches est placée sous la juridiction de la Cour, depuis et y compris l'exercice 1875 ;

Attendu qu'en matière de comptabilité occulte, l'*ensemble* de la gestion personnelle d'un même comptable ne comporte qu'un seul jugement définitif fixant à sa charge ou à sa décharge un résultat unique et nécessairement indivisible ; que, par suite, le compte d'une telle gestion doit être également unique ;

Attendu, d'ailleurs, que le conseil de préfecture du département du Nord, antérieurement chargé de l'apurement des comptes annuels du receveur municipal d'Aniches, n'a pas été appelé avant le 1er janvier 1875 à connaître des faits actuellement reprochés au secrétaire de la mairie en tant qu'ils remontent aux années 1874 et antérieures ;

Que dès lors, la Cour est valablement saisie de la connaissance de ces faits et seule compétente pour prononcer, s'il y a lieu, la libération du comptable, sur l'intégralité de ses recettes, sans distinction de date, en ce qui concerne les deniers communaux.

Cette jurisprudence fut confirmée le 13 juin 1881 par un arrêt de la Cour qui jugea que la juridiction compétente est celle qui juge la comptabilité régulière du même service, au moment où la gestion occulte est découverte. (Bureau de bienfaisance de P...)

Une question qui a donné matière à controverse est celle de savoir à qui appartient le droit de saisir le conseil de préfecture ou la Cour des comptes d'une gestion occulte.

Ce droit appartient-il aux conseils municipaux, aux préfets ou aux conseils de préfecture ?

Nous estimons que c'est l'autorité administrative qui est appelée à déférer au conseil de préfecture ou à la Cour des comptes, suivant l'importance des revenus de la commune, toute gestion occulte qui lui est signalée. L'article 10 de l'ordonnance du 23 avril 1823 est formel.

Le préfet étant chargé de constater et déclarer, quand il y a lieu, les attributions de juridiction en raison du chiffre des revenus, il faut en conclure que c'est à ce magistrat qu'appartient le droit de saisir la juridiction compétente, soit d'office, soit à la demande des intéressés.

Le préfet agit, dans cette circonstance, en vertu de la tutelle administrative qu'il exerce sur les biens des communes et des établissements de bienfaisance. Cet intérêt est d'ordre public.

Dans la plupart des cas, il serait difficile aux communes de prendre elles-mêmes l'initiative des poursuites à exercer contre un comptable de fait qui, le plus souvent, est un administrateur ou un ancien administrateur de la commune. De plus, c'est le préfet qui est chargé de rappeler tous les fonctionnaires à l'exécution de leurs devoirs.

Cette doctrine, d'ailleurs, se trouve confirmée par de nombreux arrêts.

Les particuliers peuvent toujours, en leur qualité de contribuables inscrits au rôle de la commune, intenter une action à leurs risques et périls. Mais il importe que la comptabilité communale ne se trouve pas livrée au plus ou moins d'initiative des contribuables qui, par indifférence, négligeront souvent une action qui peut leur paraître onéreuse. Ce droit des contribuables est d'ailleurs formellement inscrit dans la loi, il n'est point exercé comme celui du préfet, au nom de l'ordre public, et ne constitue qu'une action destinée à sauvegarder l'intérêt collectif de la commune.

De leur côté, les juridictions administratives peuvent, aux termes de la loi du 21 juin 1865, évoquer d'elles-mêmes des comptabilités occultes. Dans ce cas, c'est le procureur général de la Cour des comptes, ou le secrétaire général de la préfecture, qui, agissant comme ministère public, sont appelés à soumettre le jugement des faits de comptabilité clandestine à la juridiction financière.

En aucun cas, le receveur municipal ni les inspecteurs des finances, ni les trésoriers généraux et receveurs particuliers des finances, ne peuvent saisir directement cette juridiction; le rôle de ces fonctionnaires doit se borner à signaler à l'autorité administrative la comptabilité irrégulière qu'ils ont pu constater.

Enfin, il peut arriver que l'administration soit saisie d'actes de comptabilité irrégulière à la suite d'une procédure criminelle ou correctionnelle.

L'arrêté préfectoral qui défère à la Cour des comptes un comptable de gestion occulte est *déclaratif* et non pas *attributif* de juridiction, il ne fait que reconnaître la compétence établie par la loi, mais il ne la crée pas.

« Cet arrêté, quelle qu'en soit la forme, n'est qu'un acte in-
« troductif d'instance et il appartient à la Cour d'apprécier en
« premier et dernier ressort, si cette action en reddition de
« compte est fondée. » [Arrêt du 26 décembre 1872; commune de Tarascon (Bouches-du-Rhône).]

L'arrêté d'un maire ou d'un préfet qui a dénoncé au conseil de préfecture ou à la Cour des comptes l'existence d'une comptabilité occulte, n'est considéré que comme un *acte administratif* ayant une valeur qui lui est propre. Cet arrêté ne pourrait en aucun cas produire les effets d'une décision judiciaire ni, par conséquent, imposer soit provisoirement, soit définitivement, au comptable occulte l'obligation de rendre compte. (Cour des comptes, arrêt du 1er mars 1881. — Commune de Semur. Trésorier de la commission d'interdiction de mendicité.)

Cette opinion a été appuyée par M. Levavasseur de Précourt, commissaire du Gouvernement, dans une affaire de comptabilité occulte soumise au Conseil d'État, le 19 mai 1882.

Lorsqu'une comptabilité occulte est découverte par l'examen d'un compte ou qu'elle est révélée par une dénonciation, le préfet ou le sous-préfet, *pour assurer l'exécution de la loi*, dirige une enquête administrative et recueille des renseignements et des titres qui sont contrôlés auprès ou par l'intermédiaire de toute personne en position, suivant les circonstances, d'élucider la situation dont il s'agit de rendre compte.

Le plus souvent, le préfet ou le sous-préfet commettent au trésorier-payeur général ou au receveur particulier le soin de procéder à cette instruction. — Si c'est le receveur particulier à qui incombe ce soin, c'est le trésorier-payeur général qui doit lui transmettre l'affaire.

Lorsque le dossier est en état et qu'il est retourné à la préfecture, le préfet prend l'arrêté déférant les faits de comptabilité clandestine à la Cour des comptes ou au conseil de préfecture.

La juridiction financière, après examen des documents d'instruction qui lui ont été transmis, rend une ordonnance de non-lieu ou prend un arrêté déclarant comptable de fait l'auteur de la gestion illicite qui lui a été signalée par l'autorité administrative, et enjoint au receveur des finances de prendre hypothèque sur les biens du comptable occulte, à moins que celui-ci ne préfère fournir des sûretés convenables pour la garantie des intérêts de la commune. — Il est imparti, à la suite de cette déclaration, un délai qui est habituellement de deux mois et qui court du jour où notification est faite au comptable occulte ou à ses ayants cause de fournir un compte dûment affirmé des recettes et des dépenses qu'il a effectuées, appuyé des pièces justificatives et de la délibération du conseil municipal qui aura approuvé ou rejeté les dépenses comme utiles ou inutiles à la commune.

Si le comptable refusait de fournir le compte, il y serait procédé d'office et à ses frais. — Il est nécessaire, en effet, que le compte de la gérance occulte soit établi, fût-ce par un commis d'office, attendu que jamais l'administration municipale ne peut être autorisée à dresser elle-même ce document. L'arrêté d'un conseil de préfecture qui, au lieu de fixer le résultat d'une gestion occulte d'après le compte présenté par le comptable, aurait statué sur un compte dressé d'office par l'autorité municipale, devrait être annulé. (Arrêt du 19 août 1875, pourvoi du sieur C..., commune de Harsault [Vosges] ; arrêt du 17 mai 1877, pourvoi du sieur L..., commune de Sarrageois [Doubs]; Cour des comptes.)

Il faut donc que le compte soit présenté par le comptable lui-même, signé et certifié par lui ou par un mandataire régulier, jamais par le conseil municipal.

Ce compte est transmis par le comptable de fait au conseil municipal, qui demande à l'autorité préfectorale l'autorisation de se réunir pour délibérer sur la fixation des recettes et l'utilité des dépenses, comme il est procédé lors de la discussion du budget à la session de mai de chaque année.

L'article 812 de l'instruction générale de 1859 requiert l'admission, sur l'avis du conseil municipal, par un arrêté du préfet, des dépenses portées dans le compte occulte comme ayant été faites dans un véritable intérêt communal.

Cette disposition résulte de l'assimilation qui est faite entre les comptables occultes et les comptables réguliers ; elle est, en effet, très équitable, puisque seul le conseil municipal avait autorité pour ouvrir un crédit, pour décider une dépense (Ord. du 23 avril 1823, art. 5 ; ord. du 13 mai 1838). Malheureusement, il arrive le plus souvent que cette décision du conseil municipal, qui sert de base à l'arrêt de la Cour des comptes ou au jugement du conseil de préfecture, est absolument prévue. En effet, dans l'hypothèse où le comptable de fait jouit de la faveur du conseil municipal, l'approbation des dépenses sans aucune discussion est ordonnée ; dans le cas contraire, celui, par exemple, — et il est fréquent — d'une ancienne municipalité dénoncée par le nouveau maire et le nouveau conseil, il est incontestable qu'en dépit des progrès de nos mœurs politiques, le comptable de fait sera jugé d'une manière rigoureuse et parfois passionnée.

Un maire déclaré comptable de fait ne peut prendre part à la délibération du conseil municipal appelé à se prononcer sur son compte de gestion. Le vote émis en sa présence rend la délibération irrégulière et ne permet pas de considérer le compte comme en état d'examen. Il y a lieu, dès lors, de réclamer par un arrêt d'avant faire droit, une nouvelle délibération prise en conformité de l'article 52 de la loi du 5 avril 1884[1]. [Arrêt du 20 avril 1875, maire de G... (Eure); arrêt du 26 nov. 1877, maire d'A... (Marne); arrêt du 22 janv. 1878, maire de B... (Loir-et-Cher).]

Nous avons vu plus haut que parfois le conseil municipal jugeant les comptes d'un ancien maire comptable de fait pouvait se laisser inspirer par des sentiments de partialité. Il peut même arriver que le conseil refuse d'une manière systématique de reconnaître l'utilité de toutes les dépenses, il peut arriver aussi qu'il les admette en bloc sans discussion; le préfet peut alors, en raison de l'assimilation qui existe entre le jugement des comptes régulièrement décrits et celui des comptabilités clandestines, user du droit que la loi lui reconnaît d'inscrire d'office certaines dépenses qualifiées d'obligatoires. Toutefois, le préfet, avant d'user de ce droit, est obligé de mettre le conseil municipal en demeure d'approuver les dépenses obligatoires qui auraient été effectuées par le maire comptable de fait. (L. 5 avril 1884, art. 149.)

Mais le plus souvent, le rôle du préfet se borne à l'approbation pure et simple de la délibération prise par le conseil mu-

---

1. L'article 52 de la loi du 5 avril 1884, reproduisant l'article 25 de la loi du 18 juillet 1837, porte que dans les séances où les comptes d'administration du maire sont débattus, le conseil municipal élit son président. — Dans ce cas, le maire peut, même quand il n'est plus en fonctions, assister à la délibération; mais il doit se retirer au moment du vote. Le président adresse directement la délibération au sous-préfet.

nicipal, car généralement les paiements effectués par le gérant occulte se réfèrent à des dépenses essentiellement facultatives, qu'il appartient au conseil municipal d'accepter ou de rejeter lors même qu'elles auraient enrichi la commune.

Aucune dépense ne peut être admise par le juge des comptes si elle n'a pas été d'abord admise par l'autorité administrative. Ce principe est développé d'une façon remarquable dans le mémoire du ministre de l'intérieur à l'appui du pourvoi devant le Conseil d'État, formé par lui, dans l'intérêt de la loi, contre un arrêt de la Cour des comptes au sujet de l'affaire Recordère. (Arrêt du Conseil d'État du 18 avril 1842.)

Il a été adopté par le Conseil d'État, qui, se rendant à l'argumentation du ministre de l'intérieur, a cassé l'arrêt de la Cour des comptes.

Les comptes sont toujours jugés par une juridiction financière, jamais par l'autorité administrative.

En aucun cas le préfet, ni le ministre de l'intérieur ne peuvent juger un compte sans le concours de la juridiction financière. Le ministre ne pourrait même pas le régulariser par voie de crédit additionnel ou de rectification. Cette prescription résulte d'un considérant reproduit ci-dessous d'un arrêt de la Cour (20 juin 1836, commune d'Arbois) : « Considérant que « l'approbation donnée aux comptes que le sieur M... a pu « rendre de cette gestion occulte par toute autre autorité que « l'autorité compétente ne libère pas le comptable..... »

C'est au receveur municipal qu'il appartient de faire prendre hypothèque légale sur les biens du comptable irrégulier. Il y a lieu, en ce cas, d'appliquer l'article 2121 du Code civil.

Lorsque la procédure préparatoire est terminée, si la juridiction financière ne rend pas un arrêt ou un arrêté de non-lieu ou d'incompétence, elle examine le détail du compte qui lui est produit et la délibération du conseil municipal qui a été prise sur la gestion irrégulière, en même temps que les pièces justificatives fournies par le comptable de fait. Il arrive parfois qu'un arrêt est rendu par la Cour pour renvoyer certaines pièces en communication et provoquer les explications du comptable (Arrêts, Cour des comptes, 18 avril et 4 juillet 1878), ou bien encore retourné pour approbation par le conseil municipal.

Le juge des comptes peut suppléer à l'insuffisance des justifications par des considérations d'équité (art. 25 du décret du 31 mai 1862); — un arrêt de la Cour des comptes du 18 octobre 1879 en fournit un exemple.

Les justifications produites au soutien des dépenses étaient incomplètes, mais vu la date des fournitures et des paiements, la nature de la plupart de ces dépenses et les démarches nombreuses déjà faites pour obtenir la justification complémentaire desdites dépenses, il n'a pas semblé possible de réclamer aux héritiers du comptable des pièces justificatives autres que celles qui furent produites. Un blâme fut simplement infligé aux héritiers du comptable de fait, au sujet de la destruction du registre sur lequel étaient inscrites jour par jour les recettes et les dépenses qui faisaient l'objet de cette comptabilité irrégulière.

Si les justifications sont rejetées, le juge prend un arrêté de débet à l'égard du comptable de fait, prescrivant le versement de la somme dont le comptable est déclaré reliquataire, cumulativement avec celle des intérêts à 5 p. 100 du jour de la notification de l'arrêt. Le comptable irrégulier doit justifier de ce versement par la production de la quittance à souche du receveur municipal.

Les séances du conseil de préfecture ne peuvent, à notre avis, être publiques que s'il s'agit de prononcer l'arrêté déclaratif de comptabilité occulte. Ce point est éminemment contentieux et peut, par conséquent, faire l'objet d'un débat contradictoire. Quant à l'arrêté qui conclut à l'apurement du compte, il doit être soumis à la procédure qui régit les comptabilités régulières, c'est-à-dire débattu et jugé sur simple production de pièces et sans publicité.

La circulaire ministérielle du 20 mai 1876, mentionnée plus haut, se référant à un arrêt du Conseil d'État du 28 avril de la même année, tranche d'ailleurs formellement la question dans le sens de notre opinion.

Aux termes de l'article 26 du décret du 31 mai 1862, l'instruction sera interrompue si le comptable décède avant le jugement du compte, et ne recommencera qu'après la reprise d'instance faite par les héritiers ou après qu'ils auront été mis en demeure de la reprendre sur la requête du maire au nom de la commune, en faisant élection de domicile au chef-lieu du département et désignant l'un d'eux pour suivre la demande en reddition et le jugement du compte.

Pour la vérification, l'instruction, le jugement, l'exécution des arrêtés et les recours, il est procédé dans la même forme que pour les comptables légaux.

La rectification pour ordre des résultats de chaque compte déjà jugé sera ordonnée pour les comptes qui se rapportent à plusieurs gestions, mais le résultat total sera rattaché par la décision à la dernière gestion jugée.

Le receveur municipal à qui cette décision sera notifiée en tiendra état dans ses écritures et dans le compte à rendre pour la gestion suivante. C'est lui qui fera diligence sur la poursuite du maire pour recouvrer les sommes dues en vertu de l'arrêté d'apurement.

III

Aux termes de l'article 1570 de l'Instruction générale, les comptables, les administrations locales et les ministres de l'intérieur et des finances peuvent demander au juge du compte, la révision des arrêts ou arrêtés définitifs, mais seulement pour *erreurs, omissions, faux ou double emploi* reconnus par la vérification d'autres comptes et à *raison de pièces justificatives recouvrées depuis l'arrêt ou l'arrêté*. (Loi du 16 septembre 1807, art. 14.)

La Cour des comptes, soit d'office, soit sur la réquisition du procureur général, et le conseil de préfecture, sur la réquisition des préfets, peuvent aussi procéder dans les mêmes cas à la révision des arrêts ou arrêtés définitifs qu'ils ont rendus.

Les lois et règlements n'ont point fixé de délai au delà duquel toute demande en révision doit cesser d'être admise, mais l'exercice de ce droit est réglé ainsi qu'il suit (Instruction générale de 1859, art. 1571) :

Les dispositions des arrêtés ou arrêts attaqués ne peuvent être suspendues ou modifiées dans leur effet que par un arrêté ou arrêt nouveau qui remette en question l'état de la comptabilité du receveur ; et il doit être pris immédiatement un arrêté ou arrêt préparatoire ayant pour objet :

1° D'admettre la révision, s'il y a lieu, et sauf la discussion ultérieure du fond ;

2° De fixer pour la production des pièces nécessaires au travail de révision un *délai semblable à celui qui est accordé au comptable pour satisfaire aux premiers arrêtés ou arrêts rendus sur ses comptes ;*

3° D'ordonner les mesures de garantie à prendre sur les biens du receveur pour assurer les droits de la commune ou de l'établissement pendant le temps qui doit s'écouler entre le premier arrêté ou arrêt et l'arrêté ou arrêt de révision ;

4° D'accorder la suspension des poursuites qui auraient été commencées contre le comptable lorsque cette mesure est sans inconvénients à raison des actes conservatoires mentionnés ci-dessus et de circonstances particulières jugées suffisantes par l'autorité.

Lorsque le jugement appartient au conseil de préfecture, les intéressés peuvent se pourvoir en appel devant la Cour des comptes.

L'appel peut être formé, soit par les communes ou établissements publics intéressés, soit par les comptables dont les comptes ont été arrêtés.

Le délai pour former appel est de trois mois. A partir de la notification de l'arrêté du conseil de préfecture, la partie qui veut se pourvoir rédige sa requête en double original. L'un des doubles est remis à la partie adverse qui en donne récépissé ; sur le refus ou l'absence de cette dernière, la signification est faite par huissier.

Quant à l'autre original, il est déposé à la Cour des comptes avec l'expédition de l'arrêté notifié. On peut n'effectuer ce dépôt que dans le quatrième mois de la notification par une exception aux prescriptions relatives aux appels portés devant le Conseil d'État. (D. 31 mai 1862, art. 530 et suiv.)

Toute requête de comptable qui n'aurait ni remis ni notifié à la commune un des doubles de cette requête, serait rejetée. Ces formalités sont prescrites, à peine de nullité. (D. 31 mai 1862, art. 530 et suiv.)

L'arrêté par lequel un conseil de préfecture statue sur une demande en révision n'est susceptible d'appel que devant la Cour des comptes (Arrêt du Conseil d'État du 19 janvier 1877, Cour des comptes : *Note présidentielle du 14 mai 1879*, n° 53, p. 21). La Cour est compétente pour statuer sur le recours formé contre un arrêté du conseil de préfecture déclaratif de comptabilité occulte. (Arrêt du Cons. d'État du 14 déc. 1877, Cour des comptes, 3ᵉ ch., arrêt du 30 mars 1873, pourvoi du maire de Lure (Haute-Saône). Cour des comptes : *Note présidentielle du 14 mai 1879*, n° 53, p. 22.)

Une décision ministérielle insérée au *Bulletin officiel* du ministère de l'intérieur (1862, p. 33) interdit à l'autorité supérieure d'empêcher l'exécution des projets de recours que forment les communes.

Le comptable de fait doit être appelé à fournir des explications sur les injonctions prononcées par l'arrêté provisoire. C'est pourquoi le conseil de préfecture n'ayant pas épuisé, après ce premier arrêté, sa juridiction, le comptable de fait ne peut se pourvoir à la Cour des comptes jusqu'à ce que la décision définitive soit intervenue.

Cette solution résulte de nombreux arrêts de la Cour des comptes, notamment ceux des 29 janvier 1852 et 11 août 1882.

C'est dans le même esprit que la jurisprudence admet qu'un pourvoi n'est pas recevable contre un arrêté définitif comprenant des injonctions qui n'avaient pas été relevées par l'arrêté provisoire. (Arrêt de la Cour des comptes du 21 novembre 1882.)

Outre le recours en révision demandé au juge du compte et l'appel ouvert devant la Cour des comptes des arrêtés du conseil de préfecture, il reste encore un pourvoi en cassation qui peut être introduit devant le Conseil d'État.

Le Conseil d'État doit se borner à annuler les arrêts de la Cour des comptes lorsque ceux-ci lui sont déférés comme contraires à la loi; il ne peut évoquer le fond de l'affaire. Il y a, en ce cas, assimilation complète avec le principe émis à l'égard de la Cour de cassation par l'article 3 de la loi des 27 novembre-1er décembre 1790 et l'article 1er de l'ordonnance du 1er septembre 1819 : « Lorsqu'après cassation d'un arrêt de notre Cour des « comptes dans l'un des cas prévus par l'article 17 de la loi du « 16 septembre 1807, le jugement du fond aura été renvoyé à « notredite Cour, l'affaire sera portée devant l'une des chambres « qui n'en aura pas connu. » L'article 2 ajoute : « Dans le cas « où un ou plusieurs membres de la chambre qui aura rendu le « premier arrêt seraient passés à la chambre nouvellement sai- « sie de l'affaire, ils s'abstiendront d'en connaître, et ils seront, « si besoin est, remplacés par d'autres conseillers-maîtres en « suivant l'ordre de leur nomination. »

Pour avoir une idée exacte de la compétence du Conseil d'État ou de celle de la Cour des comptes, il faut se demander de quoi il s'agit (Chauveau, tome VIII, 1860, p. 72). Si l'individu poursuivi prétend qu'eût-il perçu des deniers et payé des dépenses, il ne peut être considéré comme comptable, l'exception est jugée en premier ressort par le conseil de préfecture et en appel par le Conseil d'État. S'il soutient, au contraire, que rien n'établit qu'il ait touché ou payé et qu'on ne peut pas le déclarer comptable sur de simples allégations, le conseil de préfecture est toujours compétent pour apprécier cette défense, mais il commet un excès de pouvoir en condamnant à rendre compte sur cette simple allégation sans preuves, et la Cour des comptes seule doit être appelée à juger le pourvoi contre cette décision. Il en est ainsi si le conseil de préfecture, saisi d'une poursuite en comptabilité occulte, ne veut pas reconnaître que le maire poursuivi a fait à la commune des avances qui doivent compenser la somme qu'il aurait indûment touchée.

Les arrêts de la Cour des comptes ne sont pas suspensifs et sont exécutés nonobstant le pourvoi formé en Conseil d'État. La Cour des comptes est, en effet, souveraine. (Lois du 1er décembre 1790, art. 7, et 16 septembre 1807, art. 1er.)

Aux termes de l'ordonnance du 28 juillet 1819, la demande en révision étant indépendante du recours en cassation devant le Conseil d'État, ne fait pas obstacle à ce recours, pourvu que la notification en ait été faite régulièrement et que les délais ne soient pas expirés.

Les habitants d'une commune ne peuvent se pourvoir *ut singuli*, pour demander l'autorisation de poursuivre à fins civiles un maire qu'ils accusent d'avoir détourné des revenus communaux (Ord. Cons. d'État du 15 juin 1825). Dans l'espèce, il s'agissait du pourvoi à exercer contre l'arrêté d'un conseil de préfecture qui se déclarait incompétent.

Le ministre de l'intérieur est autorisé à se pourvoir contre un arrêt de la Cour des comptes, mais pour que ce pourvoi soit recevable, il faut qu'il soit formé seulement après l'expiration des délais pendant lesquels les parties sont admises à se pourvoir elles-mêmes, et pour autant que les chefs sur lesquels portent ces pourvois n'aient pas déjà été déférés au Conseil d'État par les parties. (Arrêt Cons. d'État, 18 avril 1842, Recordère.)

Nancy, imprimerie Berger-Levrault et Cie.

Nancy, imp. Berger-Levrault et Cie.

www.ingramcontent.com/pod-product-compliance
Lightning Source LLC
LaVergne TN
LVHW012107030726